누리 과정에서 쏙쏙

자연탐구 생활 속에서 탐구하기 – 도구와 기계에 대해 관심을 가진다.
　　　　　탐구과정 즐기기 – 궁금한 것을 탐구하는 과정에 즐겁게 참여한다.

초등 과정에서 쏙쏙

통합 여름1　2. 여름 방학 – 여행을 떠나요
통합 우리나라2　1. 우리나라와 이웃 나라 – 이웃 나라 여행
과학 5-2　3. 물체의 속력

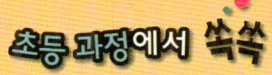

감수 및 추천 이명근 박사(미국 존스홉킨스 대학교 교수 역임, 현재 연세대학교 보건대학원 교수)

세계 곳곳의 재난지에 뛰어들어 어린이들은 물론 도움이 필요한 사람들을 구조하며 봉사의 삶을 사는 분입니다. 알아야 더 잘할 수 있다는 믿음으로 연세대학교 보건대학원에 '국제 재난 대응 전문가 과정'을 개설하여 많은 재난 구조 전문가를 양성하고 있습니다. 국제 NGO인 '머시코'(Mercy Corp.)와 UNDP(유엔경제개발계획)에서 활동하기도 했습니다. 지금은 재난 구호의 필요성을 알리고, 아시아와 아프리카의 개발을 위해 '코이카'(KOICA, 한국국제협력단)와 국제 개발 기관인 '글로벌 투게더' 등과 함께 봉사에 앞장서고 있습니다.

글 황근기

강원도 춘천에서 태어나 대학에서 국문학을 공부했습니다. 현재 동화, 만화, 시, 여행기 등 다양한 장르를 넘나들며 글을 쓰고 있습니다. 그동안 쓴 책으로는 〈Why? 로켓과 탐사선〉, 〈과학 첫발 1, 2〉, 〈과학대소동〉, 〈꼬물꼬물 갯벌 생물 이야기〉, 〈생각하는 아이를 위한 놀이 과학동화〉, 〈과학귀신〉, 〈리틀 과학자가 꼭 알아야 할 과학 이야기〉, 〈대머리 아저씨의 머리카락〉 등이 있습니다. 특히 인도, 네팔, 티베트 지역의 문화에 푹 빠져 수차례 히말라야 주변을 여행한 뒤 그 경험을 토대로 〈세계 지도로 보는 세계, 세계인〉, 〈100나라 어린이들이 가장 궁금해하는 100가지〉 등을 썼습니다.

그림 황순영

경기도 연천 출신으로 1998년 일본 고담사의 영매거진에 〈리메이커〉로 그림 작가 일을 시작했습니다. 현재는 프리랜서 일러스트 작가로 활동하고 있으며 만화가 협회 정회원으로서 만화가로도 활동하고 있습니다. 다수의 어린이 책에 그림을 그렸고, 인천시립무용단 〈호두까기 인형〉 포스터 및 삽화 제작을 했으며, KT 〈올레 시리즈〉를 작업했습니다.

도구와 기계 | 탈것
41. 달려라, 빗자루 마녀

글 황근기 | **그림** 황순영
펴낸곳 스마일 북스 | **펴낸이** 이행순 | **제작 상무** 장종남
대표 조주연 | **주소** 서울특별시 종로구 사직로8길 20, 103호
출판등록 제2013 - 000070호   **홈페이지** www.smilebooks.co.kr
전화번호 1588 - 3201   **팩스** (02)747 - 3108
기획 · 편집 조주연 김민정 김인숙 | **디자인** 김수정 정수하
사진 제공 및 대여 셔터스톡 연합뉴스 프리픽

이 책의 모든 글과 그림 등의 저작권은 스마일 북스에 있습니다.
본사의 허락 없이 이 책에 실린 내용의 일부 또는 전체를 어떤 형태로든지
변조하거나 무단 복제하는 것은 법으로 금지되어 있습니다.

⚠ 책을 집어던지면 다칠 수 있으니 조심하십시오. 잘못 만들어진 책은 바꾸어 드립니다.

달려라, 빗자루 마녀

글 황근기 | 그림 황순영

빗자루 마녀는 하늘을 나는 빗자루를 가지고 있어요.
이 마법 빗자루만 있으면 어디든지 순식간에
쌩쌩 날아갈 수 있지요.
어느 날, 빗자루 마녀는 편지 한 통을 받았어요.
지구 반대편에 사는 동생이 보낸 편지예요.

오늘 밤,
보름달이 뜰 때 뾰족탑에서 신나는
생일 파티를 합니다.
언니도 꼭 참석해 주세요.

"이 마법 빗자루가 있으니 지구 반대편이라도 눈 깜짝할 사이에 갈 수 있지."
빗자루 마녀와 꼬마 마법사 미밍은 함께 마법 빗자루를 타고 쌩-!
날아가는데 갑자기 빗자루가 뚝!

"에이~, 뾰족탑까지 무얼 타고 가지?"
빗자루 마녀는 오토바이와 자전거를 발견했어요.
"저거라도 타야겠군."
빗자루 마녀는 오토바이를 타고 씽씽 내달렸어요.
"마녀님, 같이 가요."
꼬마 마법사 미멍은 자전거를 타고 힘겹게 쫓아갔어요.

하지만 오토바이와 자전거를 타고
뾰족탑까지 가는 건 너무 힘들었어요.
"헉헉, 빗자루 마녀님!
자전거는 너무 느려요."
빗자루 마녀와 꼬마 마법사 미밍은
다른 탈것을 찾아보기로 했어요.

"빗자루 마녀님! 빨리 달릴 수 있는
*스포츠카를 타는 게 어떨까요?"
빗자루 마녀와 꼬마 마법사 미밍은
스포츠카를 타고 쌩쌩 달려갔어요.
앗, 그런데 이걸 어쩌죠?
갑자기 스포츠카의 연료가 똑 떨어졌어요.

스포츠카 경주를 하기 위해 빠른 속도를 내도록 만들어진 차예요.

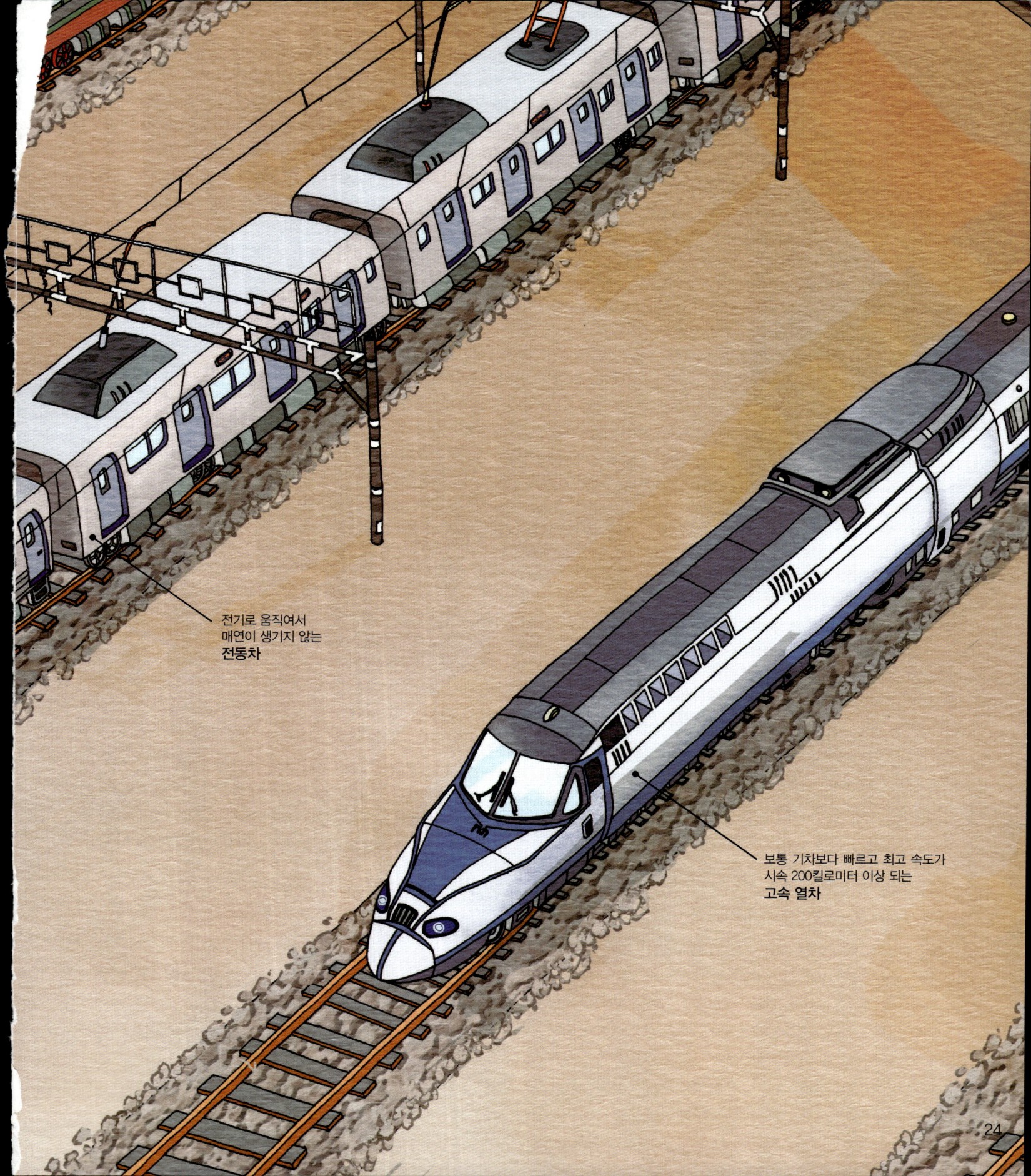

바로 그때 멀리서 기차 소리가 들렸어요.
"빗자루 마녀님! 기차가 와요."
꼬마 마법사 미밍이 외쳤어요.

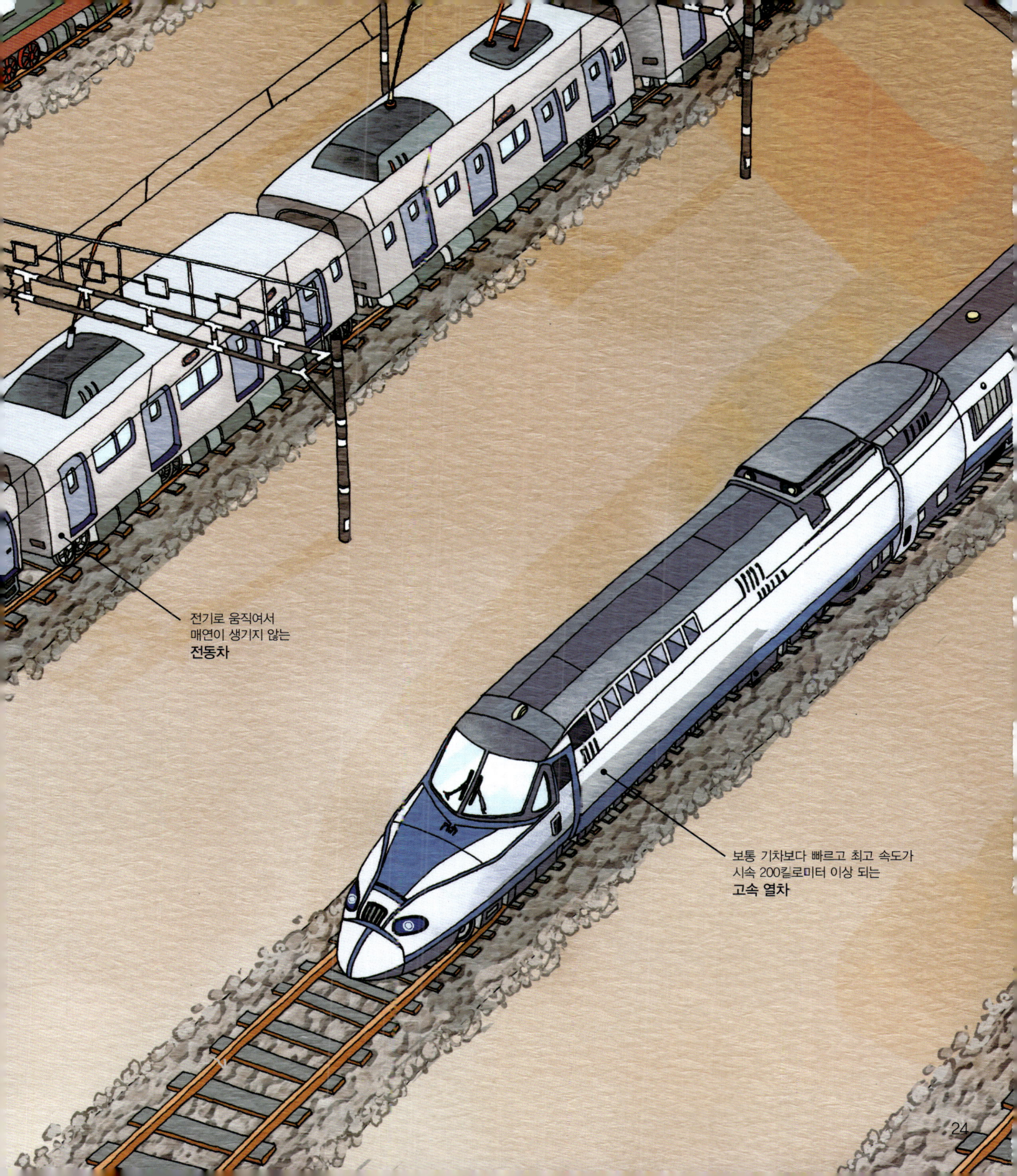

"으악, 기찻길이 끊어졌어요!"
댐이 터져 물이 넘치는 바람에
악어가 농장까지 헤엄쳐 다녔어요.
"배를 타고 가자!"

빗자루 마녀와 꼬마 마법사 미밍은
헐레벌떡 배를 타러 *부두로 달려갔어요.

부두 배를 대어 사람과 짐이 땅으로 오르내릴 수 있도록 만들어 놓은 곳이에요.

석유를 실어 나르는 **원유 수송선**

"빗자루 마녀님!
제트보트를 타고 가요.
제트보트는 조종하기도 쉽고,
속도도 빠르잖아요."
빗자루 마녀와 꼬마 마법사 미밍은
제트보트를 타고 신나게
바다를 건너갔어요.

"으앙! 빗자루 마녀님, 어떡해요?
벌써 보름달이 떴어요."
꼬마 마법사 미밍이 훌쩍였어요.
"마법 빗자루만 안 부러졌어도
지금쯤 신나게 파티를 즐기고 있을 텐데……."
빗자루 마녀는 발을 동동 굴렀어요.

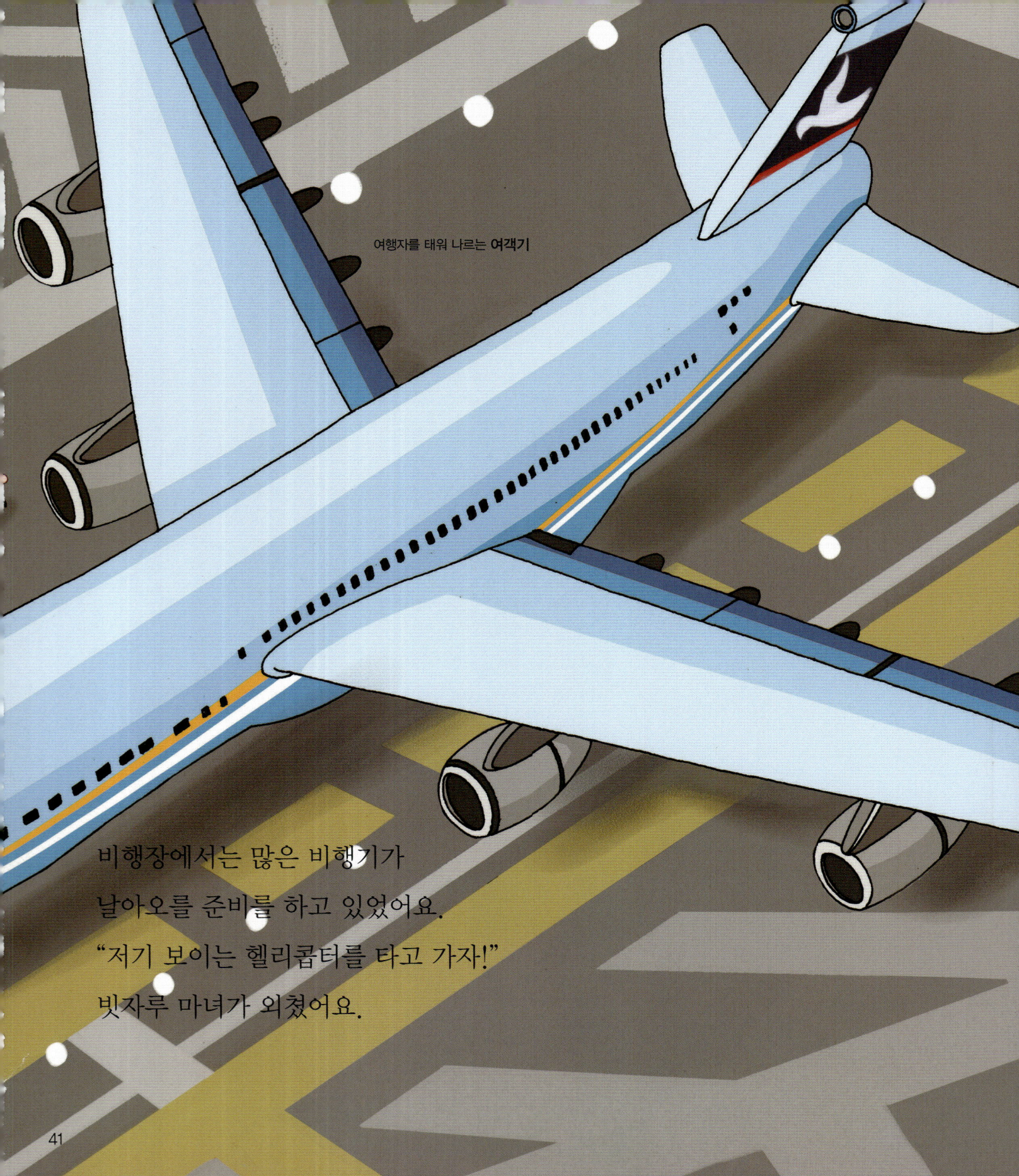

여행자를 태워 나르는 **여객기**

비행장에서는 많은 비행기가
날아오를 준비를 하고 있었어요.
"저기 보이는 헬리콥터를 타고 가자!"
빗자루 마녀가 외쳤어요.

"빗자루 마녀님,
저기 비행기들이 있어요!"
빗자루 마녀의 눈이 반짝였어요.

사람이나 화물, 우편 따위를 실어 나르는 **수송기**

공중에서 싸울 때 쓰이는 **전투기**

땅 위나 물 위에서도 뜨고 내릴 수 있는 **수륙 양용기**

작고 가벼운 **경비행기**

공기를 버너로 가열하여 떠오르게 만든 **열기구**

빗자루 마녀와 꼬마 마법사 미밍은
헬리콥터를 탔어요.
"빨리, 빨리 가자!"
"마녀님, 저기 뾰족탑이 보여요!"

그런데 이게 뭐예요.
빗자루 마녀와 꼬마 마법사 미밍이
뾰족탑에 도착했을 때는
이미 파티가 다 끝난 뒤였어요.

빗자루 마녀와 꼬마 마법사 미밍은
엉엉 울고 말았답니다.

빠르다, 빨라!

사람이 걷거나 뛰는 것보다 **탈것**을 타고 가면 훨씬 쉽게 멀리까지 갈 수 있어요. 땅 위, 물속, 하늘을 다니는 탈것들이 참 많아요.

 누가누가 더 빠를까요?

1 사람

아이가 한 시간 동안 발로 열심히 걸으면 4킬로미터 정도를 갈 수 있어요.

2 자전거

자전거는 바퀴가 있어 사람이 걷는 것보다 훨씬 빨리 갈 수 있어요.

3 오토바이

오토바이에는 엔진이 달려 있어요. 그래서 엔진이 없는 자전거보다 훨씬 빨리 달릴 수 있어요.

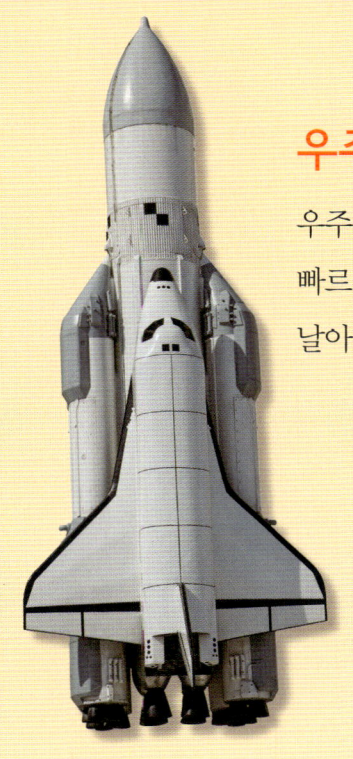

우주선

우주선은 지구 밖으로 빠르게 날아가 우주를 날아다녀요.

배

배는 비행기나 고속 열차보다 느려요. 하지만 배는 물 위를 달릴 수 있어요.

 ### 비행기

비행기는 탈것 중에서 가장 빨라요. 비행기를 타고 하늘을 날아서 가면 서울에서 부산까지 1시간도 걸리지 않는답니다.

 ### 고속 열차

고속 열차는 자동차보다 2배 정도 더 빨리 달릴 수 있어요. 고속 열차에는 많은 사람이 한꺼번에 탈 수 있어요.

 ### 자동차

자동차는 고속도로를 한 시간에 100킬로미터(걷는 사람의 25배의 속도) 이상 달릴 수 있어요.

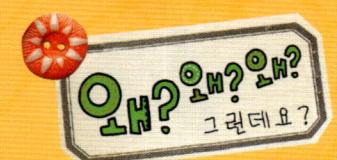 

탈것에 대한 요런조런 호기심!

비행기는 어떻게 하늘을 날 수 있나요?

수백 명을 태울 수 있는 비행기가 하늘을 날 수 있는 건 날개와 엔진 때문이야. 비행기의 날개 위쪽은 둥그스름하게 솟아 있고, 아래쪽은 평평해. 이런 날개 모양 덕분에 비행기는 하늘을 잘 날 수 있어. 엔진은 비행기를 공중으로 뜨게 하고, 비행기가 빠른 속도를 내게끔 해 준단다.

엔진은 비행기가 앞으로 나갈 수 있게 해 줘요.

날개는 비행기가 계속 떠 있도록 도와줘요.

비행기는 엔진의 힘과 날개에 의해 빠른 속도로 하늘을 날아요.

하늘에 비행기 길이 따로 있나요?

비행기는 정해진 길로만 다녀. 높은 하늘길은 빠른 제트기가 다니고, 그 아래 하늘길로는 보통 비행기들이 다니지. 서로 부딪히면 위험하거든. 이렇게 비행기들이 갈 수 있는 길은 땅에서 쏘아 올린 전파와 지구 둘레를 도는 인공위성이 안내하는 정보에 따르는 것이란다.

제트기

비행기

비행기는 하늘을 마음대로 날아다니는 것이 아니라, 정해진 길로 다녀요.

물 위를 달리는 자동차도 있나요?

땅 위로도 달리고 물 위로도 달리는 자동차를 '수륙 양용차'라고 해. 수륙 양용차는 겉모습만 보면 보통 자동차와 비슷하게 생겼어. 하지만 자세히 보면 뒤에 프로펠러(회전 날개)가 달려 있어. 물로 들어가면 이 프로펠러가 윙 하고 돌아가면서 물에 떠서 앞으로 나아간단다.

수륙 양용차는 땅과 물 위 양쪽을 모두 달릴 수 있는 차예요.

잠수함은 어떻게 물속으로 가라앉나요?

잠수함은 물 위에 떠다니는 배와 달리 물속에서도 움직일 수 있어. 잠수함이 물속으로 들어갈 수 있는 이유는 무게를 조절할 수 있기 때문이야. 잠수함에는 물이 들어왔다 나갔다 하는 관이 있어. 이 관 속으로 물이 들어오면 잠수함의 무게가 무거워져서 가라앉게 되는 거야. 이와 반대로 관 속에 있던 물을 밖으로 뿜어내면 무게가 가벼워져서 다시 물 위로 둥둥 뜨게 되는 거란다.

잠수함은 물속에 완전히 잠겨서 갈 수도 있고, 물 위로 떠오를 수도 있어요.

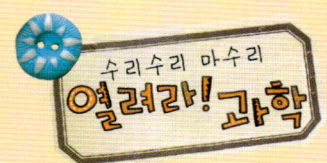

옛날의 탈것들을 타러 떠나요

지금의 탈것은 옛날 것과 모습이 많이 달라요.
옛날에는 어떤 탈것을 이용했는지 알아보아요.

1880년대에 타던 **자전거**예요. 앞바퀴가 훨씬 더 컸어요.

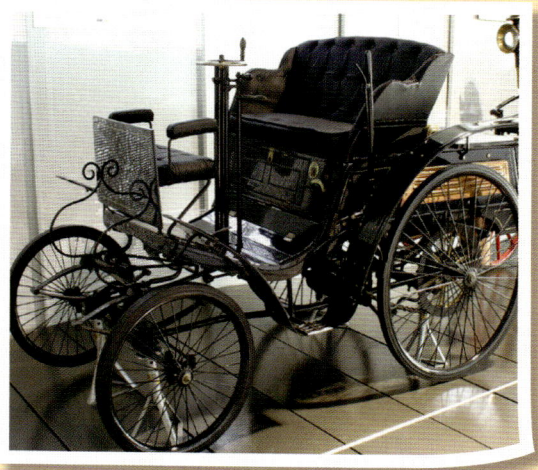

1894년 칼 벤츠가 선보인 '벨로'라는 **자동차**예요.

1903년 미국의 라이트 형제가 만든 최초의 **비행기**예요.

1843년에 만들어진, 세계 최초의 철제 여객선인 '그레이트브리튼'이라는 **배**예요.

종이로 배 접기

종이를 이용하여 배를 접어 보아요.

준비물 10센티미터×15센티미터 종이

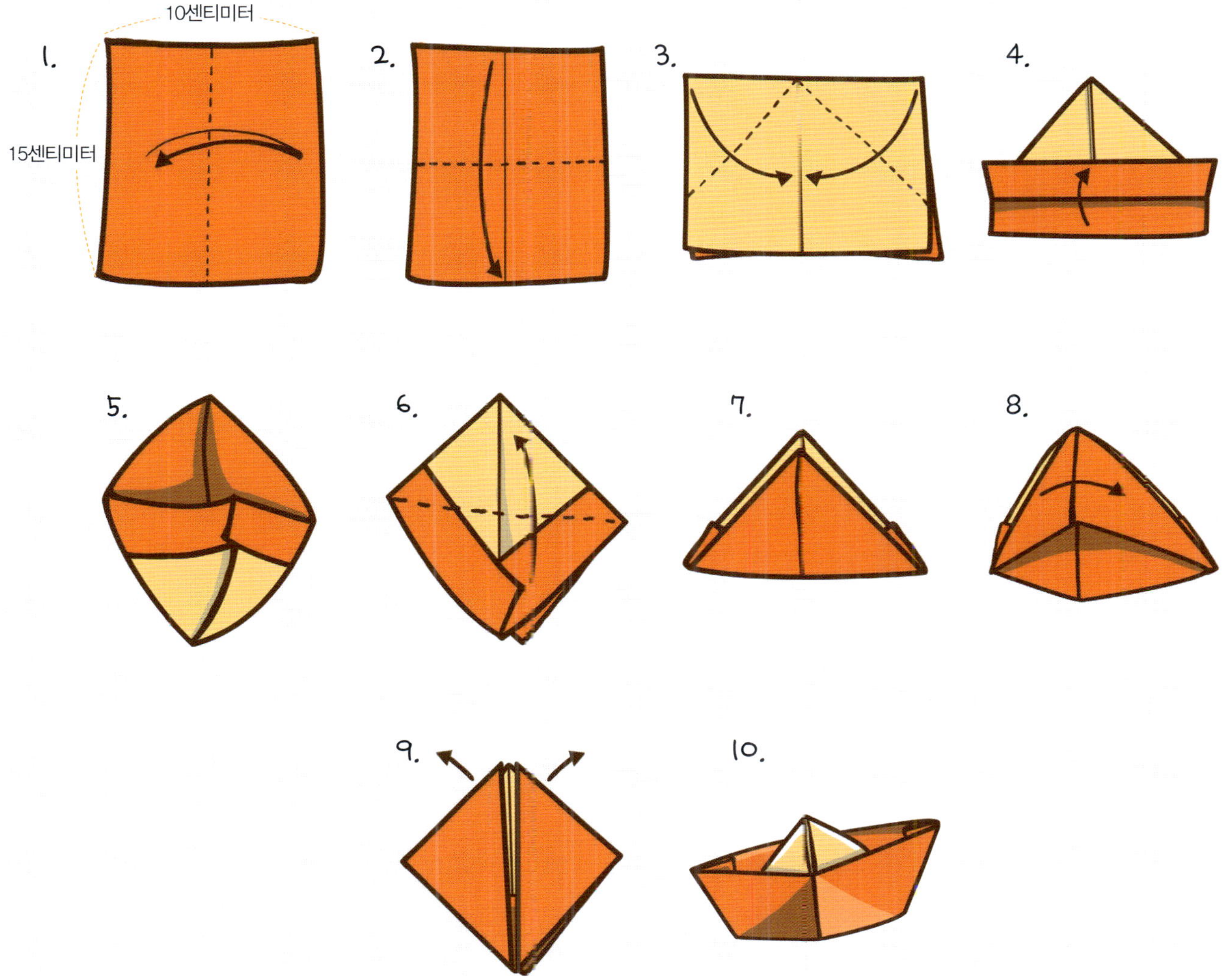

1.
2.
3.
4.
5.
6.
7.
8.
9.
10.

 **엄마, 아빠에게**

엄마, 아빠가 먼저 차근차근 하나씩 순서대로 접으면서 아이도 함께 따라 접게 해요. 종이배를 접은 다음에는 아이 나름대로 이야기를 꾸며 놀게 해 주세요. 종이로 다른 탈것을 접어 엄마, 아빠와 함께 역할 놀이를 해 보는 것도 재미있습니다.